Onoma

Bewegi
Movem

Freek Lo

Bewegingen en Centra

Harde kernen in
hardvochtige akkoorden
door Freek Lomme

Met beelden van
Joan van Barneveld

Wanneer we posities in de diepte willen articuleren en kopje onder gaan, wringt de dynamische integriteit van het solitaire isolement met de nivellerende status aan de oppervlakte.

Curator, kunstcriticus en dichter Freek Lomme en kunstenaar Joan van Barneveld hebben de wil te springen. Tegelijkertijd hebben ze angst voor de diepte. Ze willen gaan, maar hopen ook weer thuis te komen.

Schetsend als talig en beeldend wezen, peilen ze de diepte in de ervaringshorizon. Lomme wil met zijn gedichten –'korte stukjes tekst'– 'de humanistische uitdaging die in het modern instrumentarium taal ligt, proberen uit te lijnen met een drang tot doorleefde 'handel en wandel'. Van Barnevelds kunstwerken presenteren plekken waar we kopje onder kunnen gaan: voorstellingen aan ons verlangen naar diepte; inleefbare locaties waar we handvatten voor doorleefde toevlucht kunnen voorstellen.

Dit boek is een verslag van hun sprong in het diepe. Een gedeelde hommage aan de wil om een plek te vinden binnen transitie en door al zoekend te verdwalen. De gedichten van Lomme ontstonden, veelal op reis, tussen 2008 en 2014, in de periode dat hij in actieradius van lokale dromer overging tot *global cultural worker*. De schetsen van Van Barneveld zijn evenzo een gelokaliseerd verslag van een *coming of age*. Het zijn zeefdrukken van foto's gemaakt in Los Angeles en ruwe beeldbronnen voor nieuwe werken: ze lokaliseren diepte en geven die vrij, met name in de uiteindelijke werken. Tijdens een expositie van Joan van Barneveld in het door Freek Lomme gerunde Onomatopee vonden ze elkaar in hun bewegingen en rond hun centra en brachten ze dit ruwe beeldmateriaal en de ongepubliceerde gedichten samen.

Wat deze dichtbundel met illustraties naar de oppervlakte haalt is de tastbare synergie van hun sprong, hun zoeken naar een doorleefde, integere positie in hun groeiende wereld. Wat hen bindt is toewijding aan die diepte, waarin ze beiden worden gestimuleerd door de ruwe bolster van de punk en het toepasbaar potentieel in de vrije kunst om de onbestemde ruimte te articuleren: 'hard cores in hard-hearted chords'.

'Rock on'

Freek Lomme en Joan van Barneveld, 2014

Movements and Centres

Hard cores in
hard-hearted chords
by Freek Lomme

With images by
Joan van Barneveld

When we want to articulate in-depth positions and get a ducking while we're at it, the dynamic integrity of solitary isolation comes in conflict with the levelling status at the surface.

Curator, art critic and poet Freek Lomme and artist Joan van Barneveld feel the urge to leap. At the same time they are afraid of the deep. They want to leave but they also hope to return home safely.

Sketching as linguistic and visual creatures, they fathom the depth at the horizon of experience. With his poems – 'short pieces of text' – Lomme seeks to balance the humanistic challenge inherent of the modern armamentarium of language with an urge for intense 'doings and dealings'. Van Barneveld's artworks present places where we could get a dip:

representations of our desire for profundity; imaginable locations where we can project handles for profound retreats.

This book is a report of their leap in the deep end. A shared tribute to the need to find a place amidst transition and to get lost while seeking the way. Lomme's poems evolved between 2008 and 2014, often on the road, in a period when his radius of action shifted from that of a local dreamer to that of a global cultural worker. Likewise, the sketches by Van Barneveld can be understood as a localised report of a coming-of-age. They are silkscreens of photos made in Los Angeles and raw images serving as sources for new works: they localise and release profundity, specifically in the finalised works. During an exhibition of Joan van Barneveld at art space Onomatopee, run by Freek Lomme, they recognised each other in their respective movements and centres, and decided to combine this raw source material with the unpublished poems.

What this illustrated collection of poems brings to the surface is the palpable energy of their leap, their search for a profound, honest position in an expanding world. What connects them is their dedication to that depth, where they both take inspiration from Punk's rough edges and the free arts' applicable potential to articulate indeterminate spaces: 'hard cores in hard-hearted chords'.

'Rock on'

Freek Lomme and Joan van Barneveld, 2014

Al die moeilijke woorden
stellen enkel het tijdstip van desillusie uit.

'dat kun je niet maken,
da's kapot'

Ik hoop wat te doen
maar dan is het nog niet gebeurd.

Ik denk alles te kunnen maken
maar dan is het er nog niet.

En zo zal het gaan → →

All those difficult words
only postpone the moment of disillusion.

*'you cannot repair that,
it's broken'*

I hope to add my share
but then that doesn't make it so.

I assume my ability to do it all
but that doesn't make it so.

And so it will go → →

de fragiliteit van plaatsgebonden sentiment

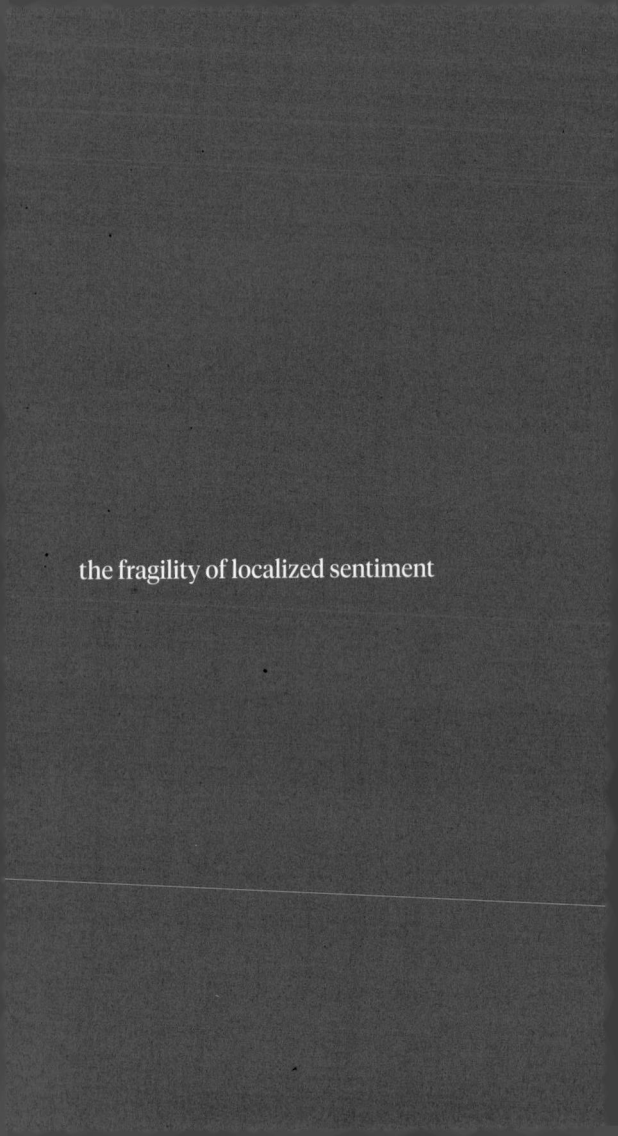

the fragility of localized sentiment

Wat zich voor waar neemt.

Ik zag weinig egaal Belgisch asfalt
voor me.
Ik voelde
de banden lichtjes hobbelen.
Ik zie de hobbel
niet meer voor me;
hij ligt kilometers achter.

Wat zo werkelijk voorkwam
verliest direct zijn gezicht.
Wat zich voor waar neemt
laat zich kennen
in de traumatische onvolledigheid.

What is taken to be true.

I saw little smooth Belgian asphalt
ahead of me.
I felt
the tires bumping slightly.
I no longer
see the bump ahead;
it is miles behind.

What appeared so real
vanishes abruptly at face value.
What is taken to be true
lets itself be known
in traumatic incompleteness.

Grond te zoeken,
eerbiedigend de entiteit negatie,
nijpt tot noodzaak van specificatie
teneinde antithesen in acht te nemen.

In dier voege prevaleren begrenzingen
dienend het raamwerk.

Inperking plaveit emancipatie,
emancipatie plaveit inperking.

Consolidatie evenals supplementen
nopen deze noest.

VERWORVENHEDEN VERWERVEN
BETEKENT FUNDEREN.

Searching ground,
crediting the entity negation,
pinches to oblige specification
in order to regard antitheses.

In this manner boundaries prevail,
serving the framework.

Containment paves emancipation,
emancipation paves containment.

Consolidation as well as supplements
prompt this knot.

TO ACQUIRE ACHIEVEMENTS
AGENTS FOUNDATION.

uitgaande van wat
me gegeven is
hoeft wat ‘ik’ geef
om het even te zijn.

vroeg of laat komt
datgene wat komt
en zo heeft moeten
zijn bij wille van
deze, gene of, zo u
wil; Hetgene.

Wat te worden gaat
in breedte geschreven;
gevallen, geraakt, getroffen
met diepte van hart
met oppervlakte van hoofd
met lood en benen.

deriving from what
I've been given
prompts whatever "I" give
only to be fair.

coming sooner or later
that which is coming
and so had to
be by volition of
these, them or, if you
will: It.

What to become goes out
written in width,
dropped, touched, moved
with depth of heart
with surface of head
with lead and legs.

is is was en wordt

is is was

Thuis van huis

Uit aarde zal ik verrijzen,
waarvoor veel woorden zijn
maar de modder is hardnekkig die
ik moet uitspreken.

Wat los komt, verlegt zich, wat vorm had,
blijft en zal zijn.

vorm blijft vorm.

Absoluut is het sensibele; inhoud en
contouren doen niets af of voegen niets
toe aan de vorm die absoluut is.

is is wordt

doorwrocht komt is toe en zijn bepaald
als hij er is, zo niet dan blijft is.

n.b. Vorm zit niet in waarneming maar
in doorwrochte beleving.

(Doorleving is nog te veel beleving...
doorwrocht is nog te veel mogelijkerwijs)

is is was and becomes

is is was

Home from home

From earth I will rise,
for which many words exist
but the mud is stubborn that
I must pronounce.

What loosens, shifts, what had form,
remains and shall be.

form remains form.

Absolute is the sensory, content and
contours do not alter or add anything
to the form which is absolute.

is is becomes

well-wrought is due is and being
determined if he is there, if not
then is remains.

---

note: Form is not in perception but in
thorough experience.

(Because Living is too much experience...
elaborate is too much possibly)

Nog (in surseance)

Inzake lacunes:
betreft leegte van;
inzake gebreken:
betreft tekort van;
inzake chronisch:
betreft voortgang van

krachten van gewezen:
in afwachting van beschikking;
precedent in speling:
wilonmachtig;
het vonnis voor de vloek:
verschroeide aarde.

(De termijn tikt door;
geduld heeft geen meter.)

Yet (in receivership)

Concerning gaps:
with regard to the emptiness of;
concerning defects:
with regard to the lack of;
concerning chronic:
with regard to the progress of

forces of heretofore:
in anticipation of decision;
precedent in tolerance:
unable to give informed consent;
the sentence for the curse:
scorched earth.

(The term is ticking on;
patience has no meter.)

ik zit in B
(nu in Frankrijk)
zoals die man uit die metafoor
maar dan op een berg,
te hoog voor aarde
met niets
als luxe
en Zijn blik.

ik kan niet dankbaar zijn wanneer mijn
lege handen niets bieden.

Mijn handen zijn niet doortastend
zodanig dat ze de, boven me,
uitgestrekte, open hemel
kunnen doorwroeten.

De hemel dekt,
helemaal sereen,
mijn lichaam af;
mijn ziel verstikkend
naar adem happend.

Onder mijn nagels dringt bloed
(waar ik niets
van wil weten).

I'm in B
(now in France)
like that guy from the metaphor
but then on a mountain,
too high for earth
with nothing
but luxury
and His gaze.

My hands are not thoroughgoing
such that they, above me,
stretched, open sky
can grub.

The sky overlays,
completely serene,
off my body;
my soul smothering
gasping for breath.

Blood penetrates under my nails
(nothing thereof I
want to know).

- if - is gegeven
- then - laat zich
niet toe.
Toen was zich
dan zal dus zijn.

(een zaak tussen oorzaak en gevolg)

mogelijke titel:
a. een if–then zonder object
b. op zichzelf

– if – is given
– then – does not allow itself
attendance.
Then used to
then will be thus.

(a case between cause and effect)

possible title:
a. an if–then without object
b. in itself

Get a grip!

Een idee kan krachtiger verrijzen
dan de opvatting ervan,
een concept kan sterker zijn
dan de verstaanbaarheid ervan,
de oorzaak krachtiger dan het geval,
het geval kwetsbaarder dan de oorzaak.

zonder gezag
kan alles
interfereren,
maar liefde is
geen verplichting.
Schaapskleren komen
in verschillende soorten en maten.

Get a grip!

An idea can rise more powerful than its notion,
a concept can be stronger than its understanding,
the cause more powerful then the case,
the case more fragile then the cause.

without authority
anything can be
interfering,
but love is
no obligation.
Sheep's clothing comes
in different shapes and sizes.

een gedachtenconstructie fietst niet
maar kan sturen,
is niet
maar zet koers.

a thought construct does not cycle
but can direct,
is not
but charts the course.

driedimensionaal in tweedimensionaal
terwijl mijn benen zich uitgestrekt vinden
zien mijn ogen dit tweetal
in de diepte van het bed verdwijnen
om het geheel aan massa te
verliezen doordat de luchtledigheid
achter het raam tot dat al
behoort. nabijheid en verte vervallen
tastbaar en ontastbaar in zelfde
klasse.
figuurlijk letterlijk

What you get is what you see.

zonder te leven laat het werk
me blijvend kijken; opgeven voor
leven lijkt kijken vergeven.
ruim is niet letterlijk, mist kader.
de opgave van kijken is leven
verrijken maar nimmer wegkijken
vernauwt de blik.
eng is niet figuurlijk, mist perspectief.

three-dimensional in two-dimensional
while my legs find themselves stretched
out my eyes see this couple
disappearing entirely in the depth of
the bed as they lose
mass as the void behind the window
belongs to all that. proximity
and distance evaporate tangibly and
intangibly in the same class.
figuratively literally

Wat je krijgt is wat je ziet.

outside of life the work allows me to
look lastingly; abandoning for
life looking looks like forgiving.
capacious is not literal, lacks supporting structure.
the commitment of looking is
life-enriching but to never look away
narrows the gaze.
narrow is not figurative, lacks perspective.

deformatie van zaligheid

Alhoewel ik gewoonweg uitkijk op een
kerk zoals die er velen zijn in de regio is
het gebrek aan interieurverlichting die
ik hier in kantoor aan heb staan en
het feit dat ik na ettelijke uren
staren naar mijn beeldscherm, aangevuld
met de sneeuw en de ijspegels aan
de torenspitsen dat me een beklemmend
gevoel om het hart slaat want de omgeving komt
voor als Russisch en ik ben ontheemd van
zaligheid, mijn ziel ontnemend.

deformation of bliss

Although I simply look out onto a
church like there are many in the region it is
the lack of interior lighting turned on here
in the office and the fact that I have, after
several hours' staring at my computer
screen, supplemented by snow and
icicles on the steeples that a slight sinking
feeling gets at my throat as the environment appears
Russian and I am banished from salvation,
my soul disappropriated.

beiden trekken de lange snuit

– wijsheid komt met de jaren –

door mentale erosie uit berusting:
korte termijn handelen wordt lange termijn denken
lange termijn denken word korte termijn handelen;
dekken sedimenten toe.
de mug is niets meer dan de olifant
en de olifant is niets meer dan de mug

Two and two together

– wisdom comes with age –

by mental erosion out of acquiescence:
short-term acting becomes long-term thinking
long-term thoughts becomes short-term acts,
cover up sediments.
the mosquito is no more than the elephant
and the elephant is no more than the mosquito

begane paden
vloeren gegarandeerd
zijn geplaveid
kennen hun koers
weten hun weg

anderzijds

tomtom kent alles
ik ken niks
wat dat betreft

paths taken
floors guaranteed
are paved
know their course
know their way

alternatively

tomtom knows everything
I know nothing
for that matter

Work in progress

Ik omhels je met duizend armen; ik

mocht het willen met mijn beide
armen en mijn hoofd in de wolken

alwaar gedachten wegdrijven.

Ik omvat achter de feiten aan,
al (re)construerend.

Dit is het moment nog
niet nog
niet
nog niet.

(Dit
daar dit
daar
dit daar.)

Work in progress

I embrace you with a thousand arms; I

would want to with both my
arms and my head in the clouds

where thoughts float away.

I embrace behind the facts,
while (re)constructing.

This is the moment yet
not yet
not
yet not.

(This
there this
there
this there.)

Maatvoering

Ik laveer tussen oneindigheid en begrenzing.

Waar ik land, wat ik zie
en herken maakt aardse ronding een cirkel.
Waar ik land, wat ik zie
en niet ken, trekt de lijn van mijn gang door en door.

Ik ben tussen klein en groot.
Té klein, té groot: tussen
luttel beperkt en onbereikbaar
extensie; totale implosie en explosie.

> Terwijl ik gewoon in de trein zit
> denken mijn hersens te imploderen en te exploderen.
> Wanneer leef je op goede voet;
> welke maat is gepast
> voor elk ruimtelijk verband...

Ik wil het niet over god hebben.
Maatvoering... (godverdomme)

Scale management

I shove between infinity and confinement.

Where I land, what I see
and recognize establishes fuller circles
along the earthtly curves.
Where I land, what I see
and do not know, extends the line of my path
through and through.

I am between small and large.
Too small, too large: between
diminutively limitated and unattainable
extension: total implosion and explosion.

> While I am just sitting in the train as
> my brain thinks to implode and to explode.
> When do you live on the right footing;
> which size is appropriate
> for each spatial connection? ...

I do not want to talk about God.
Scale management... (goddamn)

Terwijl gisteren decennia oud is
ja, zelfs eeuwen,
is nu de paal
die boven water staat.

Terwijl deze inkt verweert
komt ze allesomvattend
en absoluut voor.

Alles wat ooit was
ontglipt
in dit / het moment.

Alles ingenomen
ben ik zo totaal
edoch zo zelfingenomen t.o.v.
de oude koek...

Het moment overweldigt /
overrompelt de momenten.

While yesterday is decades old
yes, even centuries,
is now as solid
as a rock.

While this ink decays
it appears all-embracing
and definite.

Everything that ever was
slips away
in this / the moment.

All contained
am I so entirely
yet so complacent with regard to
the old hat...

The moment overwhelms /
overpowers the moments.

het komt uit zijn tenen
hij loopt er op
blind vervolgen ze

staat de teen
krommend
en in lijn met voet en been
volgend

de top in het commandocentrum
komt weinig op de vloer
die wordt geleefd,
draait op koffie
draait in de agenda

hello ground control
this is major
this is

(dualiteit geest-lichaam als besturingssysteem)

it comes from his guts
he runs on them
blindly they proceed

is the toe
taut
and in line with foot and leg
next

the top in the command center
hardly ever reaches the floor
it is being lived,
runs on coffee
runs in the agenda

hello ground control
this is major
this is

(mind-body duality as operating system)

Ik ben mijn onschuld kwijt

Er zijn zijden gekozen
Ik behoor niet meer tot de stille meerderheid
Nooit meer zal ik kunnen rusten in de schoot
van mijn moederland,
Noch zal ik naar het vaderland terug verlangen

De roep om het kind maakt alle onschuld kapot

I've lost my Innocence

Sides have been chosen
I no longer belong to the silent majority
Never again I will rest in my home country's lap,
Neither will I long for the fatherland.

The call for the child destroys all innocence

Dan denk je wat te zijn
wie je bent
en dan komt wat komt
en doe je het met wat je hebt
en dan groeit het zo
Maar wat dat dan is
en of dat dan verwacht was
of gewoon zo gelopen was
dat het dan zo is zoals nu.

Then you think to be someone
who you are
and then comes whatever comes
and you'll go on with every means available
and then it grows like that
But what just is it
and if that is as expected
or if it simply took its course
making it into what it is now.

Boven de macht

Boven mijn macht,
boven je macht,
boven de macht,
godverdomme.

Above power

Above my power,
above one's power,
above power,
goddamn.

Bescheiden en opportuun
begiftigt grootspraak met gemak.
...terwijl het kleine haar proportionaliteit mist...

Ambitie is een streven;
progressief buitenproportioneel.

Dat het kleine perspectief mist
– werkelijk verleidelijk –
is pijnlijk.

Modest and opportune
grandiloquence gifts with ease.
...while the small lacks its proportionality...

Ambition is an objective;
Progressiveley extraproportional.

What the small perspective lacks
– actually alluring –
is painful.

Het lichaam van de psyche

Ligt wakker
Stoot zich
Heeft een snotneus
Kan een botbreuk oplopen
Een beroerte krijgen
Gemolesteerd worden
Gemolesteerd raken
En als dat dan zo is
Dan is dat zo

The body of the psyche

Lies awake
Bumps itself
Has a nosebleed
May incure a fracture
Have a stroke
Be molested
get molested
And then, if that is so
Then it is so

Eigen schaduw: pis op romantici.

Fataal van vorm
vormelijk fatalisme

Boos op woede

Stand–by echo
gedempte energie

Krachtig futiel

(Geinspireerd op het nummer *God am* van *Alice in Chains*. Eigen motivatie)

One's own shadow: piss on romantics.

Fatally shaped
formal fatalism

Angry at anger

Standby echo
muted energy

Powerfully futile

(Inspired by the song *God am*,
by *Alice in Chains*. Private motivation)

Motivatie

Ik speel graag met taal, als conceptueel raadgever in mijn alledaagse wandel en mentale handel. Door kleine tekststukjes te schrijven, ik noem het maar poëzie, wil ik dichter tot de wereld komen: voorbij die handel en wandel. Ik doe dit door en vanuit mijn persoonlijke verwondering, vanuit de plek waar ik sta, tot de dingen die ik zie en tot de relaties waar ik in beweeg en door dit "live" te bevragen. Zo wil ik de humanistische uitdaging die in het modern instrumentarium genaamd "taal" ligt, proberen uit te lijnen met een drang tot dieper doorleefde handel en wandel. Dat alles omvat de levendige integriteit van mijn ervaringshorizon. Die wil ik altijd prikkelen; ik wil mijn positie zelfkritisch en progressief proberen te postuleren en zie taal daarin als middel. Het levert slogans en denklijnen die me houvast geven.

Taal is een vreemd instrument dat de mens gegeven is. Taal is niet alleen duidend, ze is tevens vehikel van bewustzijn en reflectie. Taal is vermogen. Taal maakt identiteit door ons gevoel van identificatie te beroeren, onder woorden te brengen en uit te schrijven. Daar kun je dan weer hypothesen van het leven op vormen die opnieuw, "live", uitdagen en identiteit in haar context scherper positioneren. Het is een spel. Taal is niet voor watjes, wanneer je het vermogen van taal wil bespelen en beproeven.

Ik schrijf gemotiveerd vanuit gevoel van onvermogen om dingen te “verstaan”: van onvermogen om de positie die ik ervaar te kunnen grijpen. Ik wil dingen op het puntje van mijn tong articuleren. Dit wordt gekatalyseerd door een gevoel van gebrek in deelname “on the spot” en de behoefte aan deelname die er is omdat ik een sociaal gemotiveerd mens ben en wil leven tussen mensen; dit wekt een gevoel van irritatie waardoor ik de angel wil grijpen. Ik word hierin gestimuleerd door een huiver om in mijn gebrek een meerdere te moeten erkennen.

Schrijven zet zo lijnen uit in mijn onderbuik en helpt me om de façade van de buitenwereld te rijmen met eigen desillusies of dromen, die ik graag opzoek. Ik wil mijn eigen leven schrijven en daar mee kunnen leven en daardoor dieper leven. Ik zie het schrijven echter niet als therapie, maar als verwonderend potentieel en als vermogen om mezelf uit te lijnen en te porren. In het onbekende en ongrijpbare zit een progressief veld, zoals het gat in de markt voor culturele productie niet ligt bij vrienden maar bij vijanden.

Ik ben auteur, eerste en tweede lezer. Ik ben geen kunstenaar maar wil gewoonweg als persoon, op fundamentele wijze het leven genieten en spelen. Het is geen solistische opgave, maar een positiespel. Dat breng ik in deze solitaire spelen. Ik zie deze verzameling tekstjes dan ook niet als een bundel voor publiek maar als een document dat wellicht in haar energie een gebaar maakt en wellicht voor sommigen herkenning binnen de kaders van een of hun levenswandel oplevert; in haar (des)illusies, (on)vermogen, geconstateerde ervaringen en ietwat idealistische behoeften.

Als persoonlijke spel waarin taal doorleving articuleert, acteert het parallel aan een intellectuele wereld en de status-quo van Cultureel Kapitaal, aan de waarden van de elite die de taal vastpinnen. In deze parallel is het fucky-business: fragiel want in deze vrije verstandhouding tot de conventies aan betekenis in taal is ze, onder die horizon, altijd beperkt in het sluitend of overdrachtelijk vermogen van haar duiding en beperkt in haar eigen vermogen tot articulatie.

In die zin situeert het boekje mijn persoonlijke houding tot hoge cultuur in dit taalspel: enerzijds omdat ik een intellectueel onvermogen ervaar in gebrek aan tijd en kenvermogen en anderzijds omdat ik op de een of andere manier een eigenwijze gozer ben die het zelf uit wil zoeken. Terecht vind ik, want het is mijn positie die hier doorleefd gestalte krijgt. Tegelijkertijd legt ze de lat hoog, vaak ook te hoog. Het gaat om de wil te springen; fuck de rest. Respect moet er niet zijn voor de status van het resultaat maar voor de openheid in de sprong.

Ik hoop dat dit spel in zichzelf, als mijn lofdicht op het leven en vanuit de integriteit van mijn eigen vertaling u iets overdrachtelijks te bieden heeft; zoals ik hoop dat deze eerste alinea's, waarin ik mijn motieven introduceer, bij u een zekere herkenning en respect afdwingen. Landt dit niet, dan had ik er wellicht geen boekje van hoeven te maken. Dan is het een boekje van een schrale hond, wat dan ook wel weer iets 'cools' heeft in zijn fatalisme maar wat ik zelf niet zo waardeer: dat is dan gewoon zo; dan is deze verzameling woorden een gegeven zoals er elke dag ook veel broccoli wordt weggegooid. In die zin flirt dit boekje met een solitaire, romantische opvatting van het kunstenaarschap, waar sommige stukjes tekst ook mee worstelen omdat dit solitaire solistisch onbestemd en dus waardeloos kan blijken.

Dit boek beweegt rond een soort existentiële beweging; over de beangstiging van een om mij heen woekerende wereld en over de woekerende vermogens van levenswandel die niet te voorzien zijn. In dit boek speelt taal haar rol als betekenisdrager van een werkelijke context, als referent en houvast, en tevens speelt ze een rol als een wezen in zichzelf: als conceptueel object/wezen in zichzelf, als kneedbaar materiaal. Taal als illustrator van een grote wereld van handel en wandel en taal geponeerd door de kleine antropocentrische wereld. De taal in dit boekje is fysiek te ervaren alsook te verstaan in haar context, vermoed ik al teruglezend... Hoe dan ook: het boek draagt een soort existentieel fundamenteel karakter.

Lange tijd heeft het de werktitel 'pure existentie' gedragen. Later ontwaarde ik er een motief van beweging in: terwijl ik veel van deze tekstjes onderweg schreef, vaak beangstigd en beklemd, zat ik vast in statusvragen. Vanwege deze dynamiek van geven en nemen was het dat het boekje in eerste instantie de titel 'to share my add' kreeg, wat ik tevens charmant vond in haar zelfrelativering omdat de tweede d in add zou verdwijnen in de uitgesproken vorm van de zin waardoor er een prikkelende dubbele betekenis ontstaat. Dit te meer omdat het boekje in zijn fundamentele karakter een soort arrogante zelfpromotie in zich draagt die wellicht als hautain en hermetisch wordt geduid maar tegelijkertijd een gebaar maakt wat integer is en wil delen vanuit het vermogen wat er in huis is.

Vervolgens ben ik bij de subtitel gekomen: 'harde kernen in hardvochtige akkoorden'. Dit vind ik mooi en treffender omdat ik in mijn integriteit probeer een fundamentele gewaarwording over te dragen, een gewaarwording van plek en plaats in haar beweging; vanuit angsten, beperkingen en de kloten om er in te stappen of, vanuit menselijke zwakte, jezelf kracht voor te houden ten opzichte van een soort façade bestaande uit een mentale taalbarrière. Ook sprak de subtitel me aan omdat het een beetje een punky feel heeft: uiteindelijk motiveert hardcore-punk me het beste om weer de strijdbijl van culturele productie – ofwel van het leven van het leven – op te nemen.

In dit aspect – het leven van het leven – manifesteert zich tevens een motief wat organisch ontstond en ik met terugwerkende kracht begon te erkennen in mijn bezigheden: de macht van taal als humanistisch instrument. Materiële houvast in een empirische werkelijkheid en het vermogen van taal als duidend instrument in de immateriële puzzels die op het puntje van mijn tong kwamen te liggen, ingegeven door intuïtie die richting geeft en onvermogen in het tot verstaan brengen hiervan. Daaruit volgde de finale titel 'movements and centres'.

Hiermee kom ik tevens terug bij een hang naar conceptuele volkomenheid in duiding die me aantrekt, als een soort van validering van mijn motieven op materieel niveau, zoals mijn eerste bundel was getiteld 'het streven naar lineairiteit'. Ik streef in het resultaat, zowel als schrijver maar ook voor de lezer, naar eenheid van vorm (invoelbare, min of meer holistische flow) en materie (tastbaar ritme van punt naar punt).

Ik ervaar het totale stukje tekst als de levende flow van woorden en de woorden als de gangmakers van een contextuele cadans: van een ritme dat doorleefd vervoert in parallel met handel en wandel. Kan taal dit in haar overdrachtelijke draagkracht volbrengen en is dat vervolgens te verstaan? Is het leven in plaats van te kennen door kennisontwikkeling ook in de diepte te ervaren en vanuit die diepte te articuleren? En hoe verhoudt die beweging zich tot onze romantische hang als fashion victims, die maar wat graag door een fijne ervaring worden ingenomen, vervolgens wellicht vastraken in de status-quo, die maar wat makkelijk in zelfbedrog uitmondt? Kan je het leven doorleven door het radicaal te mobiliseren in humaniserende tekstuele spelen? Kan de lezer in de geleverde taal herkenning vinden en levert dat bevestiging aan de schrijver?

Ik ben geen relativist, maar geloof ook niet in absolutie of pluralisme. Ik geloof in de mens en zet mijn hoop op mezelf: op mezelf als betekenaar, want niemand anders exploiteert mijn ziel. Dit doe ik vanuit geloof in open verhoudingen ten opzichte van de wereld en in een kritische houding ten opzichte van (sluimerende) zelfdisciplinering. Ik geloof in het individu als hoeksteen van de samenleving, ben radicaal sociaal liberaal in de handel en wandel van het leven. Er zullen vast theoretici zijn die de plausibiliteit van deze opvattingen uitgewerkt hebben en wellicht ben ik door deze ideeën geïnspireerd en ben ik deze theorieën al weer vergeten. Dit boek is uiteindelijk een persoonlijke beweging van mijn menselijk vermogen, een expressief gebaar van integriteit die ik kan brengen en van energie hierin. Het richt zich op de maakbare kwaliteit van leven boven vastgestelde kwaliteit van leven. Dit boek pretendeert dan ook geen verstaanbaarheid, al hoop ik dat de teksten te verstaan zijn, en wil de radicaliteit in dit gebaar democratiseren, juist door de kwetsbaarheid van haar gebaar en dus ook door een vorm en inhoud die als amateuristisch zijn weg te zetten.

In een toenemend complexe wereld doet ze een beroep op vertrouwen en openheid boven een autoritaire elitaire exclusiviteit van het vermogen om het leven te leven. Het is geen kunst, maar leven. Ik hoop op uw nieuwsgierigheid en hoop op uw welbevinden in deze wereld. Idealistisch georiënteerd, hoop ik dat we allemaal radicaal het leven willen leven en onze posities kunnen bevragen en uit kunnen zetten. Ik hoop dat we taal als dienstverlenend potentieel hierin kunnen en willen genieten. Ik denk dat de wereld hier beter van wordt.

De samenwerking met Joan van Barneveld is prachtig: de in dit boek opgenomen afbeeldingen passen in de geest van de gedichten. Ook Joan werkt rond bewegingen en centra, rond plaatsgebondenheid en verliezen van grond, rond zijn en niet zijn. Zijn beelden sluiten naadloos aan op de feel van de gedichten. Deze synergie had ik niet zo sterk verwacht, maar zodra we een gedicht naast een beeld legden bleek het te kloppen. Bovendien speelde ik met grafische ideeën, met een fundamentele, sculpturale toonzetting, die erg aansluiten op de esthetiek van Van Barneveld. Alhoewel we met zelfde vragen worstelen, als eenvoudige jongens zoekend naar gelaagde inbedding in onze omgeving, doen we dat door verschillende media: taal en beeld.

Dat de gebundelde toon uniformer is dan verwacht, lijkt een signaal te zijn dat er een diepere, gedeelde golflengte bestaat. Dat we die golven nooit in elkaar kunnen laten vervloeien maar wel naast elkaar kunnen zetten, maakt de wereld die we presenteren rijker. We voelen ons er lekker bij.

Dit boekje is in de eerste plaats tweetalig omdat ik veel vrienden heb die geen Nederlands spreken en het graag breder presenteer en in de tweede plaats omdat vertaling, zo heb ik ervaren in het vertalen van essays en meer, verscherping van de intentie omschreven in het origineel oplevert; waarin tevens een verscherping van mijn levensvocabulaire opdoemt. Een vette flirt met de kenniseconomie.

Ik wilde voor deze publicatie een vormgeving die fundamenteel is zonder dat ze politiek wordt: er moet een soort tactiele, materiële sensitiviteit in liggen die energie blootlegt. Ik wilde het sober houden en sculpturaal maken zonder aan contextuele culturele ambiguïteit of individuele fragiliteit in te boeten.

De mensen die me in deze zoektocht wilde helpen ben ik natuurlijk zeer dankbaar: Mels Dees in de vertaling, Eric de Haas in de vorm van het boekje en Joan van Barneveld in de visuele bijdragen. You know who you are.

Take care of yourself, and each-other.

Motivation

I like to play with language as a conceptual advisor in my daily doings and mental dealings. By writing short text fragments, let me call them poetry, I want to get closer to the world: beyond those doings and dealings. I do so from - and through - a personal sense of wonder, from the place where I stand, towards the things that I see and the relationships I find myself in, and by questioning them 'in real time'. This way I want to bring the humanistic challenge inherent in the modern armamentarium called "language" in line with an urge to more intense doings and dealings. All of this embraces the lively integrity that determines the horizon of my experience. I keep wanting to provoke it; I want to try and postulate my position in a self-critical and progressive way and I see language as a means to achieve that. It delivers slogans and lines of thought that give me a handle on things.

Language is an odd instrument given to man. Language is not only indicative, it is also the vehicle of consciousness and reflection. Language is competence. Language creates identity by touching our sense of identification, by putting things into words and spelling them out. Then they can be used to base your hypotheses of life upon, which are challenging again, 'live', and will position identity more clearly in its context. It is a game. Language is not for wimps, if you want to test and manipulate its capacity.

My writing is motivated by a sense of inability to understand: of an inability to grasp the position I experience. I want to articulate things at the tip of my tongue. This is catalysed by feeling a lack of 'on-the-spot' participation and the need for participation that exists because I am a socially motivated person who wants to live among people; this provokes a feeling of irritation, which makes me want to get hold of the stinger. In this, I'm stimulated by a fear that my shortcomings might get the better of me.

Writing traces lines in my guts and thus helps me reconcile the outside world's façade with my own disillusions or dreams, which I like to seek out. I want to write my own life and be able to live with that, and live a more profound life as a result. However, I do not consider writing to be therapeutic, but as a marvelling potential as an opportunity to align and probe myself. The undetermined and ungraspable contains a progressive field, in the same way that you won't find the hole in the market for cultural production with your friends, but with your enemies.

I am the author as well as the first and second reader. I am not an artist but, just as a person, I just want to enjoy life and play the game in a fundamental way. It is not a solo exercise but a positional play. And that is what I provide in these solitary plays. I don't consider this collection of small texts as a book aimed at an audience but as a document that might, in its energy, make a gesture and might, to some, offer recognition within the frames of the walk of life postulated here; in its (dis)illusions, (in)abilities, established experiences and somewhat idealistic needs.

As a personal play in which language articulates profundity, it acts parallel to an intellectual world and the status quo of Cultural Capital, to the values of an elite that pins down language. It's a tricky business in this parallel: fragile because in this free relationship to language's signifying conventions, it is, under that particular horizon, always limited in the definitive or metaphorical ability of its interpretation and limited in its own ability to articulate.

In this sense, the booklet situates my personal, critical attitude towards high culture in this game of words: on the one hand because I experience an intellectual inability in the lack of time and cognitive faculties and on the other hand because somehow I am a smarty-pants who wants to figure it out for himself. And rightly so, because it is my position that is taking shape here. At the same time, the bar has been set high, often too high. It is about the will to take the leap – fuck the rest. Respect shouldn't be paid to the status of the result but to the leap's candour.

I hope that this game in itself, as my ode to life and prompted by the integrity of my translation, can offer you something transcendent; just as I hope that these preliminary paragraphs in which I introduce my themes, command a certain recognition and respect. If this doesn't happen, perhaps the booklet proves itself redundant. It would be a poor dog's booklet, which would be kind of cool in its fatalism it would make this collection of words as trivial as the fact that lots of broccoli get thrown away each day– and though this wouldn't appeal much to me, that would be just the way it is. In that sense the booklet courts the solitary, romantic interpretation of artistic calling, which some of the text fragments also grapple with because this solitary play can remain undetermined and therefore worthless in its isolation.

This book is about a kind of existential movement – about the fear for a world growing rampant around me and about a walk of life's unpredictable, proliferating powers. In this book language plays its role as a signifier of an existing context, as a referent and handle, but it also takes the shape of an entity in itself, as a conceptual object/being in itself, as mouldable material. Language illustrating a wide world of doings and dealings and language postulated by the small anthropocentric world. Rereading the texts, I guess that the language in this booklet can be experienced physically as well as understood in its context... Whatever the case: the book bears a kind of fundamentally existential character.

For a long time, it carried the working title 'pure existence'. Later on, I perceived in it a quality of movement – writing many of these fragments while I was on the go, often frightened and oppressed, I was stuck in status questions. These dynamics of give and take prompted its original title 'to share my add', which I also found charming for its self-deprecation as the second d in add would disappear in pronunciation, prompting a welcome ambiguity in the title's meaning – after all, this booklet basically carries with it a kind of arrogant self-promotion that might be interpreted as haughty and hermetical, but that, at the same time, makes a gesture which is honest and wants to share the potential it came with.

Then I arrived at the subtitle: 'Hard cores in hard-hearted chords'. This is beautiful and all the more striking because I try to convey, in all integrity, a fundamental sensation, an experience of place and location in motion – starting from fears, restrictions and either having the balls to get involved or, following human weakness, present strength to engage a façade consisting in some sort of mental language barrier. The subtitle also appealed to me because it has a bit of a punky feel: in the end, hard-core punk always is the best stimulus to dig up the hatchet and start my cultural production, i.e. living life.

In this aspect – living life – a theme manifests itself as well that arose organically and which, in hindsight, I started to recognise in my activities: the power of language as a humanistic instrument. Material assurance in an empirical reality and the power of language as a signifying instrument in the immaterial puzzles that were lying on the tip of my tongue, suggested by directing intuition and the inability to deliver them meaningfully. This produced the final title: 'movements and centres'.

With this I also return to a tendency towards conceptual perfection of signification that appeals to me, as a kind of validation of my motives on a material level – like the title of my first collection of poems: 'pursuing lineairity' (in Dutch 'het streven naar lineairiteit). In the resulting texts I aim, both for me as a writer and for the audience, at unity of form (recognisable as a more or less holistic flow) and matter (the concrete rhythm from one point to another). I perceive the entire text as a living flow of words and the words as the pacesetters of a contextual cadence – of a rapturing rhythm in parallel with doings and dealings. Is language able to achieve this in her communicative range and can this be understood subsequently? Instead of knowing life by developing your cognition, is it also possible to experience it in depth and can it be articulated from that profundity? And what does this tell us about our romantic cravings as fashion victims who are all-too-willing to be carried away by a pleasant experience, but who might get stuck in the status-quo, which so easily leads to self-delusion? Can you live life profoundly by radically mobilising it in humanising textual play? Can the reader find recognition in the language delivered and does that result in acknowledgement for the writer?

I am not a relativist, but I do not believe in absolutism or pluralism either. I believe in man and put my hope in myself: myself as signifier, because no-one else exploits my soul. I do so believing in open relations with the world and in a critical attitude with respect to (latent) development of self-discipline. I believe in the individual as the cornerstone of society, I am a radical social liberal – in life's doings and dealings. There must be theorists who have elaborated on the plausibility of these opinions; possibly I was inspired by these ideas before forgetting the theories themselves.

Eventually, this book is a personal act of human ability, an expressive gesture of integrity that I can present with all the energy it contains. It addresses the achievable quality of life over the established quality of life. As a consequence, this book doesn't pretend to be comprehensible, even if I hope that the texts can be understood, and wants to democratise the radical nature of this gesture, exactly by the gesture's vulnerability and consequently by a form and content that could be brushed aside as amateurish.

In an increasingly complex world it appeals to trust and openness, rather than to the authoritarian, elitist exclusivity of the ability to live life. It is not art: it is life. I have set my hopes on your curiosity and on your well-being in the wold. Ideally I hope that we will all want to live life radically and can question and set out our positions. I hope in doing so we can and will enjoy language as a servicing potentiality. I feel the world would be better off.

The collaboration with Joan van Barneveld is beautiful: the images included in this book match the "poetry's" spirit. Joan's work also addresses movements and centres, indigenousness and loss of territory, being and not being. His images fit the feel of the poems seamlessly. I had not anticipated the synergy to be so strong but the moment we placed a poem next to an image, it turned out just right. Moreover, I played with graphic ideas, of a sculptural, fundamental tone, that connected well to Van Barneveld's aesthetics. Even when we – two simple guys searching for a layered embedding with our surroundings and struggling with the same questions – do so using different media: language and image. The fact that the collected tone is more uniform than we expected, seems to indicate the existence of a deeper, shared wavelength. And even though we can't let the waves blend into each other, the fact that we can put them side by side makes the world we present a richer place. It makes us feel good.

This booklet is bilingual in the first place because I have many friends who do not speak Dutch and I would like it to have a wider circulation, and in the second place because translation, as I experienced in writing essays and other texts, entails sharpening the intention stated in the original text – which also means acuminating my life's vocabulary. A bold flirt with our knowledge-based economy.

For this publication I wanted a design that is fundamental without becoming political: it should have a kind of tactile, material sensitivity that uncovers its energy. I wanted to keep it sober and make it sculptural without losing any of its contextual cultural ambiguity or individual fragility.

Of course I am quite grateful to the people who helped me on this personal quest: Mels Dees for the translation, Eric de Haas for the book design and Joan van Barneveld for his visual contribution. You know who you are.

Take care of yourself, and each-other.

Don't know where I'm going, I just keep on rowing
I just keep on pulling, gotta row
Don't know where I'm going, I just keep on rowing
I just keep on pulling, gotta row

Moving is breathing and breathing is life
Stopping is dying, you'll be alright
Life is a hammer waiting to drop
Adrift in the shallows and the rowing won't stop

Don't know where I'm going, I just keep on rowing
I just keep on pulling, gotta row
Don't know where I'm going, I just keep on rowing
I just keep on pulling, gotta row

Can't see the sky, nothing on the horizon
Can't feel my hands and the water keeps rising
Can't fall asleep cause I'll wake up dead
I just keep pulling, I just keep rolling

Fragment of *Rowing*, from the 2012 *King Animal* Album by *Soundgarden*. Listened to this record a lot while driving through Los Angeles with Joan, early 2014.

Onomatopee 98.1 Cabinet Project

ISBN:	978-94-91677-32-8
Author and editor:	Freek Lomme
Images:	Joan van Barneveld
Graphic design:	HeyHeydeHaas
Translation:	guidance by Mels Dees (poems) and assistance by Nanne op 't Ende (other)
Printing and lithography:	Lecturis Printers, Eindhoven

Made possible by: The Dutch Tax Return Department

Distribution:

Anagram books
(United Kingdom, Ireland and France)
contact@anagrambooks.com
www.anagrambooks.com

Vice Versa Distribution GmbH
(DE, CH, AT, NL, Scandinavia)
info@vice-versa-distribution.com
www.vice-versa-distribution.com

múltiplos (Spain and Portugal)
info@multiplosbooks.org
www.multiplosbooks.org

Ram Publications (North America)
orders@rampub.com
www.rampub.com

Permimeter Distribution
(Australia and New Zealand)
hello@perimeterdistribution.com
www.perimeterdistribution.com

Onomatopee
(direct)
shop@onomatopee.net
www.onomatopee.net